LA SALUD

AUTORES Anna Nolla / Susanna Arànega / Joan Portell

EDICIÓN Y CONCEPCIÓN GRÁFICA Gemma Roset

1 CUERPO LIMPIO: DUCHARSE

EL CUERPO TIENE QUE ESTAR LIMPIO. AGUA Y JABÓN
NOS QUITAN SUDOR, SUCIEDAD Y MAL OLOR.

DUCHA

ENJABONARSE

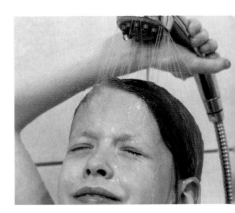

ENJUAGARSE

DESPUÉS HEMOS DE SECARNOS BIEN
CADA PLIEGUE DEL CUERPO.`

SECARSE

TRAS LA DUCHA NOS VESTIMOS CON ROPA LIMPIA Y CÓMODA, QUE NO NOS VAYA DEMASIADO JUSTA.

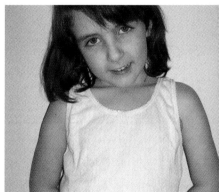

LA ROPA INTERIOR SE CAMBIA CADA DÍA.

LOS ZAPATOS TIENEN QUE SER CÓMODOS, FLEXIBLES Y LIGEROS.

CADA MAÑANA, AL LEVANTARNOS, NOS LAVAMOS
LA CARA Y NOS QUITAMOS LAS LEGAÑAS DE LOS OJOS.

SI NOS ENTRA BASURA
NO NOS RESTREGAMOS EL OJO,
PEDIMOS AYUDA.

USAMOS EL AGUA JUSTA.

Y LAS OREJAS

CUIDAMOS EL OÍDO EVITANDO UN EXCESO DE CERA.
NOS LAVAMOS LAS OREJAS POR DENTRO Y POR FUERA.

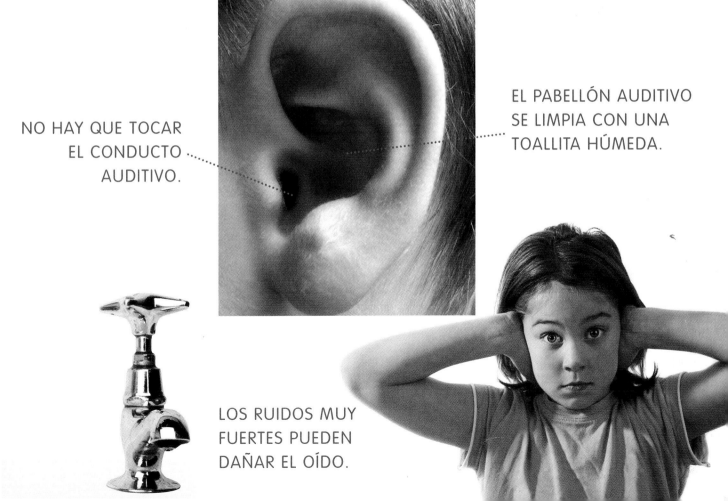

EL PABELLÓN AUDITIVO
SE LIMPIA CON UNA
TOALLITA HÚMEDA.

NO HAY QUE TOCAR
EL CONDUCTO
AUDITIVO.

LOS RUIDOS MUY
FUERTES PUEDEN
DAÑAR EL OÍDO.

3 LAVARSE LAS MANOS

SIEMPRE HAY QUE LAVAR LAS MANOS ANTES DE COMER, DESPUÉS DE IR AL BAÑO Y CADA VEZ QUE SE ENSUCIAN.

LLEVAMOS LAS UÑAS CORTAS Y CUIDAMOS DE QUE NO QUEDE SUCIEDAD.

E IR AL LAVABO

TRAS HACER PIS O CACA NOS LAVAMOS LAS MANOS.
SI HACEMOS CACA, NOS LIMPIAMOS EL CULO PRIMERO.

EL CULO SE LIMPIA CON PAPEL
HIGIÉNICO, FROTANDO
DE ADELANTE HACIA ATRÁS.

4 UNA DIETA EQUILIBRADA

PARA CRECER SANOS Y FUERTES TENEMOS QUE COMER MUCHA FRUTA Y VERDURA. Y LECHE Y YOGURES, CARNE, HUEVOS Y PESCADO CADA DÍA.

FRUTAS Y VERDURAS

PRODUCTOS LÁCTEOS

CARNE

HUEVOS

EL AGUA ES LA MEJOR BEBIDA.

EVITAMOS LAS BEBIDAS AZUCARADAS CON GAS.

PESCADO   CEREALES Y LEGUMBRES

A LA MESA TENEMOS QUE SENTARNOS BIEN, COMER TROZOS PEQUEÑOS Y MASTICAR MUCHO.

SIEMPRE MASTICAMOS CON LA BOCA CERRADA.

DE LA BOCA

AL COMER QUEDAN ENTRE LOS DIENTES RESTOS
DE ALIMENTOS QUE NO PODEMOS VER.

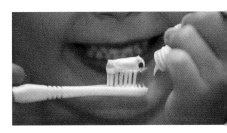

POR ESO NOS LAVAMOS LOS DIENTES CADA DÍA,
SOBRE TODO ANTES DE IR A DORMIR.

TAMBIÉN HAY QUE CEPILLAR LA LENGUA.

6 PROTEGERSE DEL SOL

MIRAR DIRECTAMENTE AL SOL O LA LUZ
PUEDE DAÑAR LA VISTA.

GAFAS DE SOL

EN LA NIEVE, O SI HACE MUCHO
SOL, USAMOS GAFAS DE SOL.

EL SOL TAMBIÉN PUEDE QUEMARNOS LA PIEL;
ES BUENO USAR CREMA PROTECTORA.

PONERNOS CREMA

TAMBIÉN CONVIENE LLEVAR GORRA
Y BEBER MUCHA AGUA.

7 LA POSTURA

SENTARNOS, CAMINAR Y CORRER CON LA ESPALDA
RECTA, EN EQUILIBRIO Y SIN TENSIONES.

NOS SENTAMOS CON LA ESPALDA RECT
EL CULO BIEN HACIA ADENTRO
Y LOS PIES APOYADOS PLANOS.

CUANDO LLEVAMOS MOCHILA, HA DE ESTAR BIEN FIJADA A LA ESPALDA Y NO PESAR MUCHO.

8 DEPORTE Y EJERCICIO

EL DEPORTE MANTIENE Y MEJORA LA SALUD.

NATACIÓN

ATLETISMO

CHÁNDAL

BAMBAS

LA SANGRE CIRCULA MEJOR, LAS ARTICULACIONES
SON MÁS ÁGILES Y LOS MÚSCULOS SE FORTALECEN.

BALONCESTO

FÚTBOL

GIMNASIA RÍTMICA

9 EL DESCANSO

DE NOCHE TENEMOS QUE DORMIR PARA QUE EL CUERPO DESCANSE Y RECUPERAR FUERZAS.

PIJAMA

ANTES DE IR A DORMIR ES BUENO HACER UNA ACTIVIDAD TRANQUILA, COMO LEER O HABLAR UN RATO.

ES CONVENIENTE QUE LOS NIÑOS Y LAS NIÑAS
DUERMAN DIEZ HORAS SEGUIDAS CADA NOCHE.

 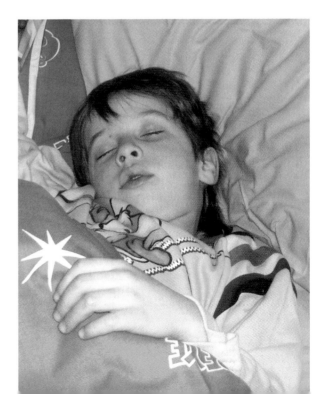

10 ESTAR ENFERMO

SI NOS CONSTIPAMOS, TENEMOS DESCOMPOSICIÓN U OTITIS, NOS SENTIMOS MAL UNOS DÍAS. ESTAMOS ENFERMOS.

HAY PERSONAS QUE ESTÁN SIEMPRE ENFERMAS.
UNAS PUEDEN HACER VIDA NORMAL Y OTRAS
TIENEN QUE VIVIR EN UN HOSPITAL.

EL MÉDICO SIGUE NUESTRO CRECIMIENTO
Y CUIDA NUESTRA SALUD.

REÍR Y DIVERTIRNOS NOS HACE
ESTAR MÁS SANOS.

ESTE PROYECTO HA SIDO ELABORADO POR EL EQUIPO PEDAGÓGICO Y EDITORIAL DE TEXT-LA GALERA

Coordinación del proyecto: **Àngels Farré** Coordinación pedagógica: **Anna Canals** Dirección: **Xavier Carrasco**
Dirección de la Galera: **Lara Toro**

Primera edición: junio del 2008 • Diseño gráfico: Endora disseny • Maquetación: Montserrat Estévez • Retoque digital: Aleix Pons

Fotografías: AbleStock (Yucel Tellici, Monika Szczygiel), A. Canals, AGE, A. Salvador, Dreamstime, Fotolia, I. Vàzques, P. Capellà, Stock.xchng

© 2008, Anna Nolla, Susanna Aránega, Joan Portell, por el texto • © 2008, La Galera, SAU, Josep Pla, 95, 08019 Barcelona

www.editorial-lagalera.com • lagalera@grec.com

Impresión: IG Ferré Olsina, Viladomat, 158-160, 08015 Barcelona • ISBN: 978-84-246-2999-1 • Depósito legal: B-26.250-2008